Ce livre appartient à :

DESSIN

DESSIN

DESSIN

DESSIN

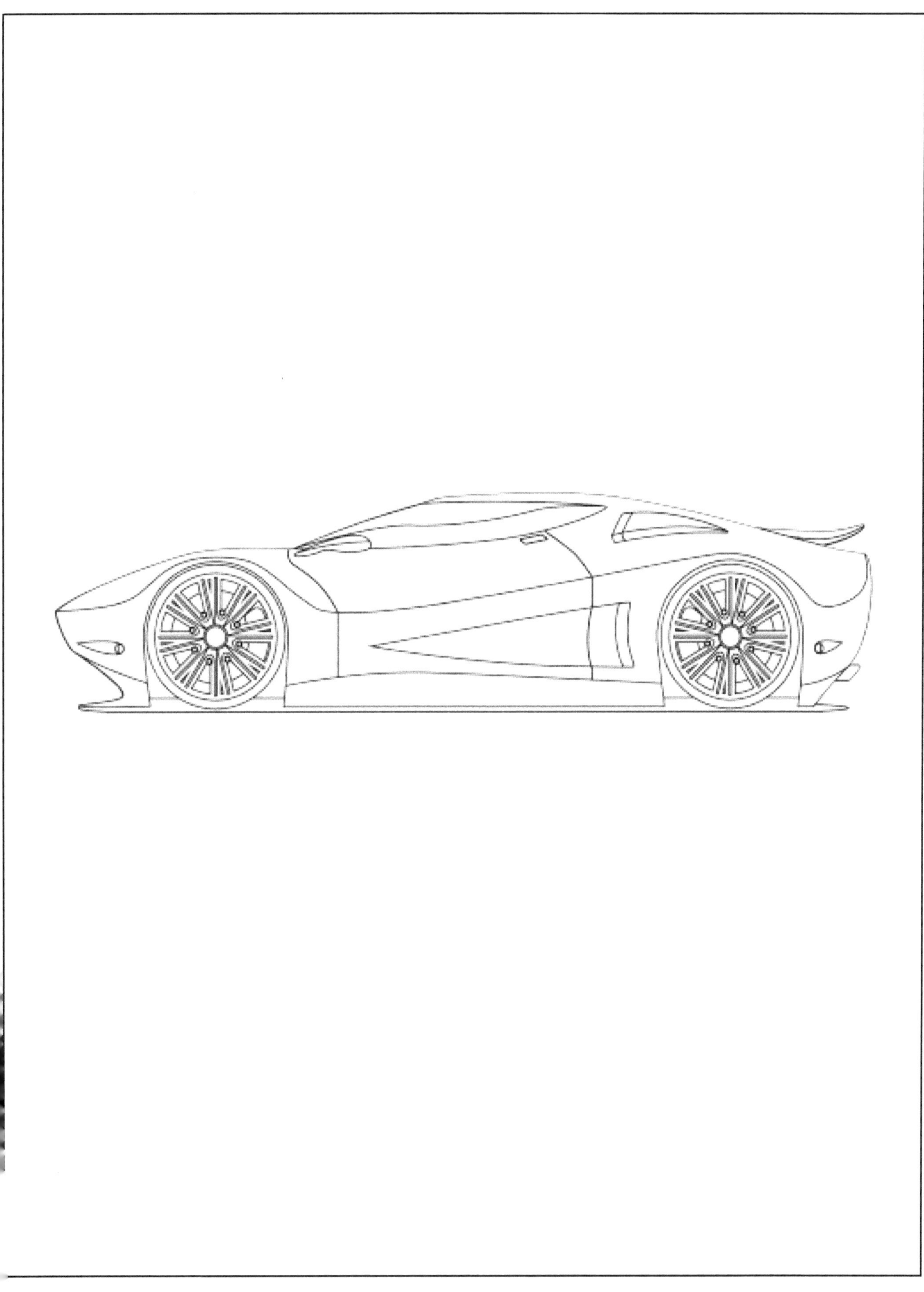

DESSIN

DESSIN

DESSIN

DESSIN

DESSIN

DESSIN

DESSIN

DESSIN

DESSIN

DESSIN

DESSIN

PEARL

DESSIN

DESSIN

SS
SS

DESSIN

DESSIN

DESSIN

DESSIN

DESSIN

DESSIN

DESSIN

DESSIN

DESSIN

DESSIN

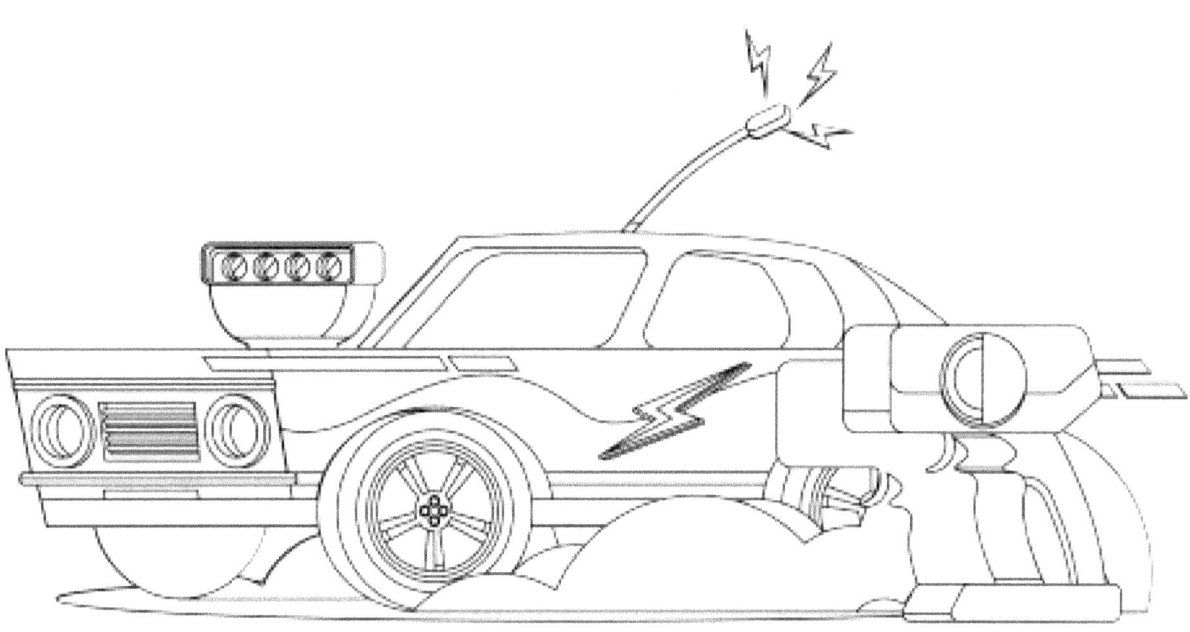

DESSIN

DESSIN

DESSIN

DESSIN

DESSIN

DESSIN

DESSIN

DESSIN

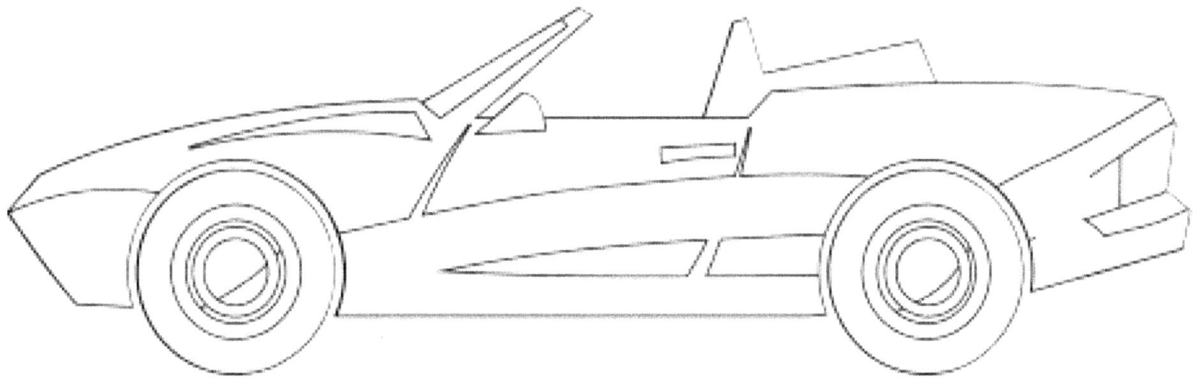

DESSIN

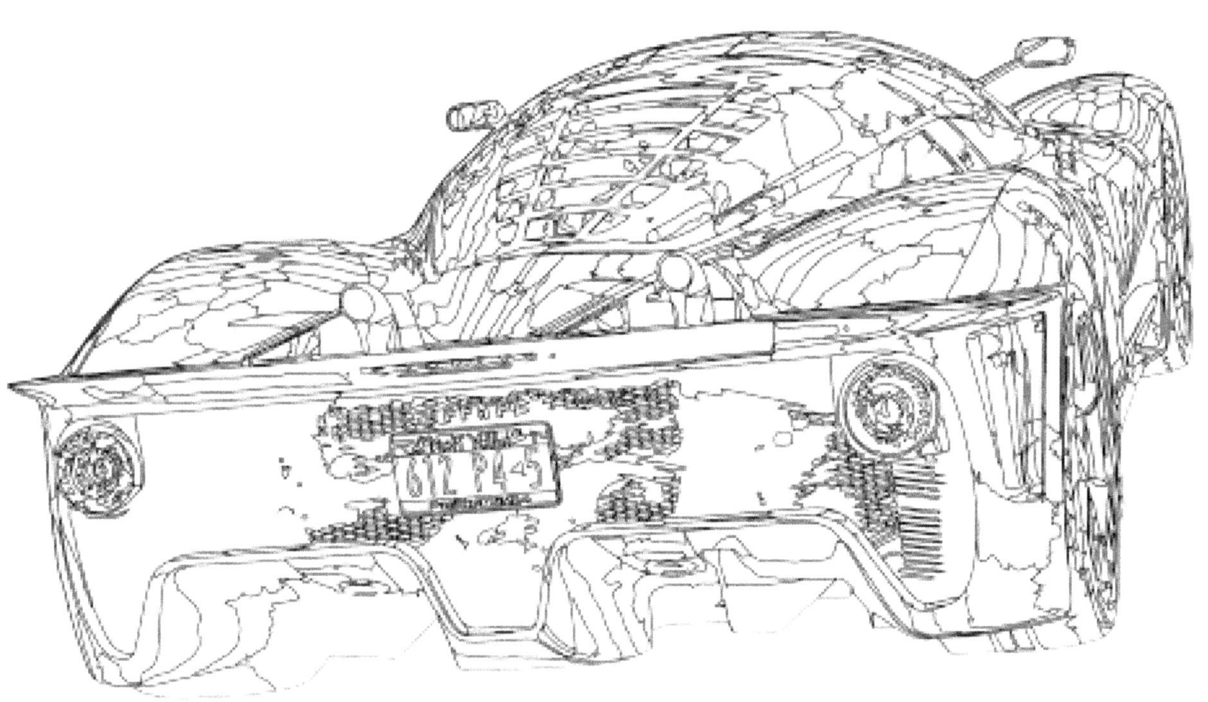

DESSIN

DESSIN

DESSIN

DESSIN

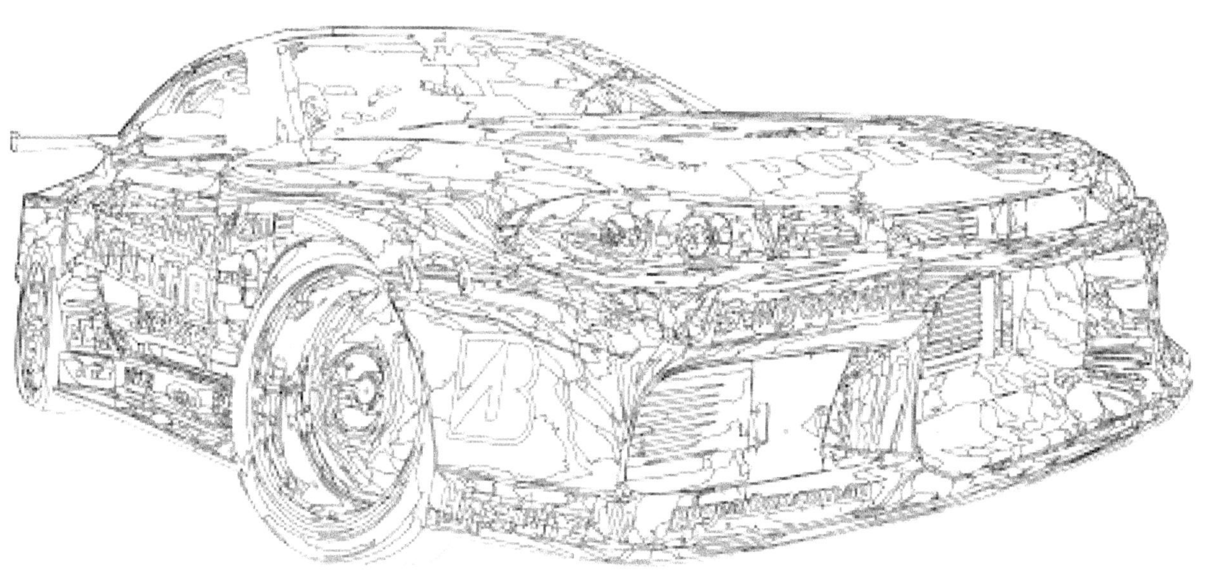

DESSIN

DESSIN

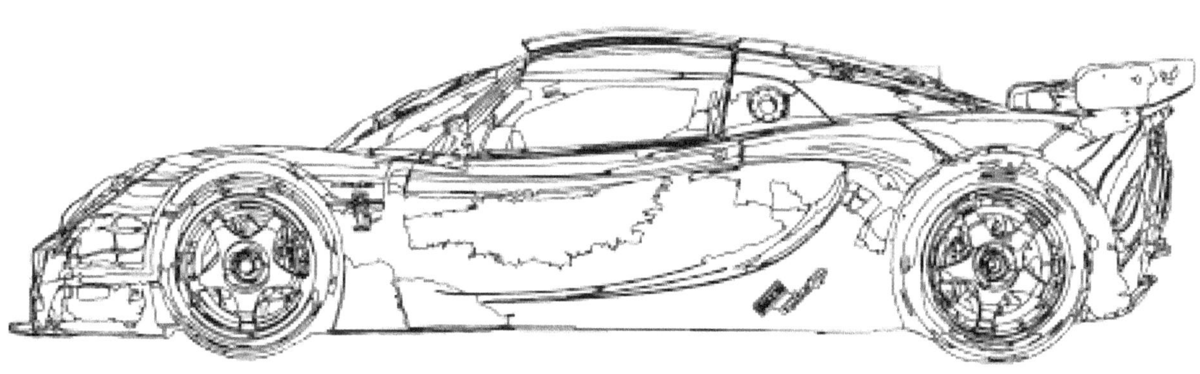

DESSIN

DESSIN

DESSIN

DESSIN

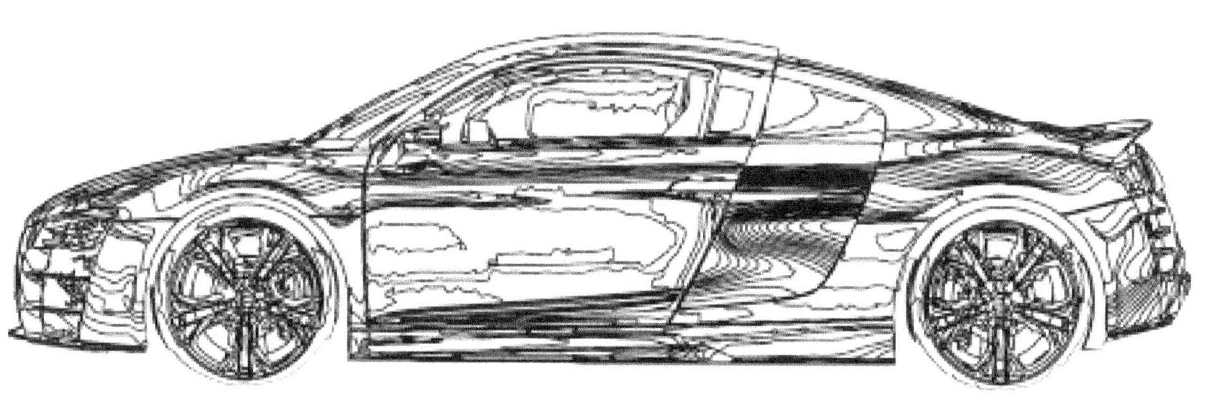

DESSIN

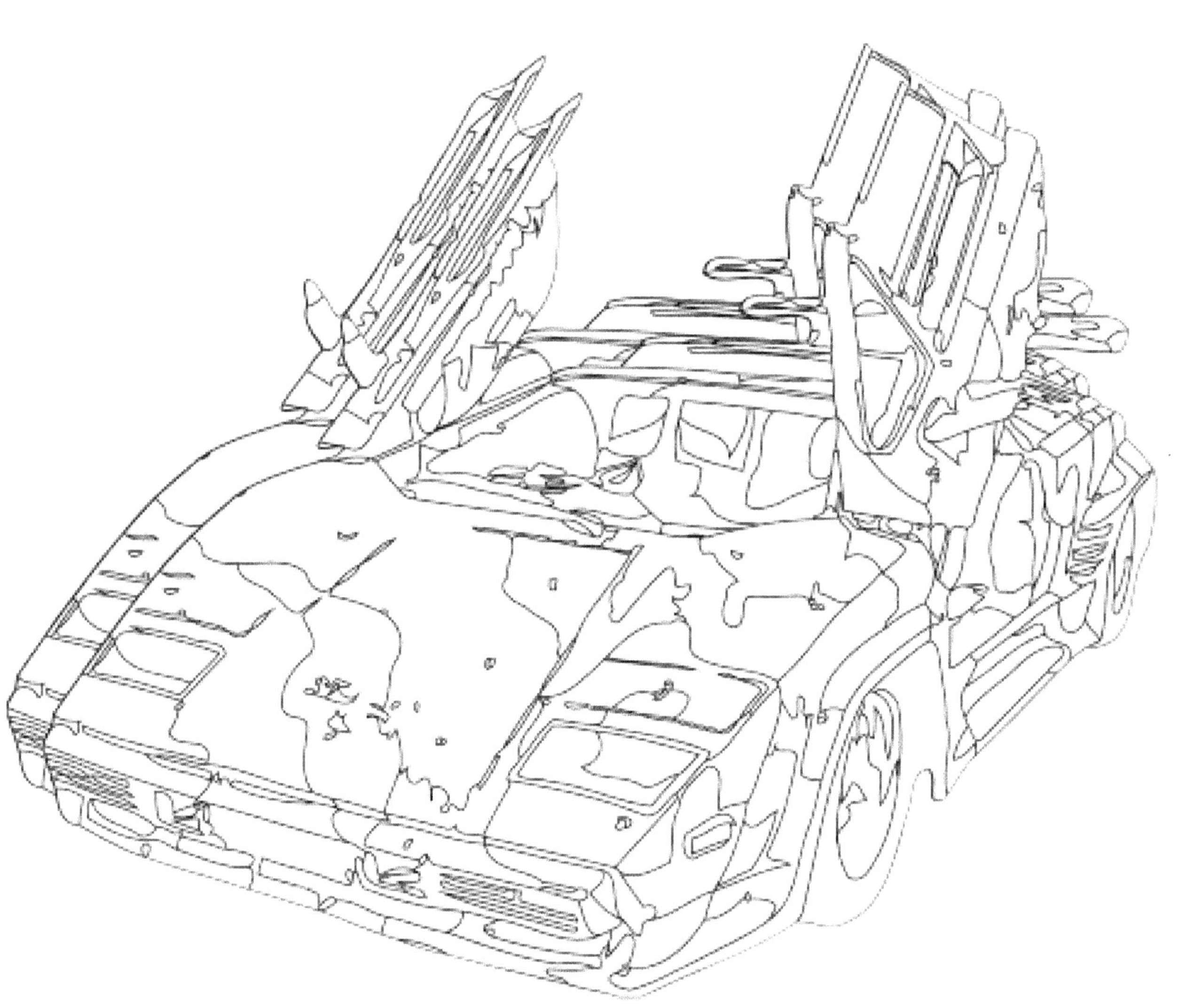

DESSIN

DESSIN

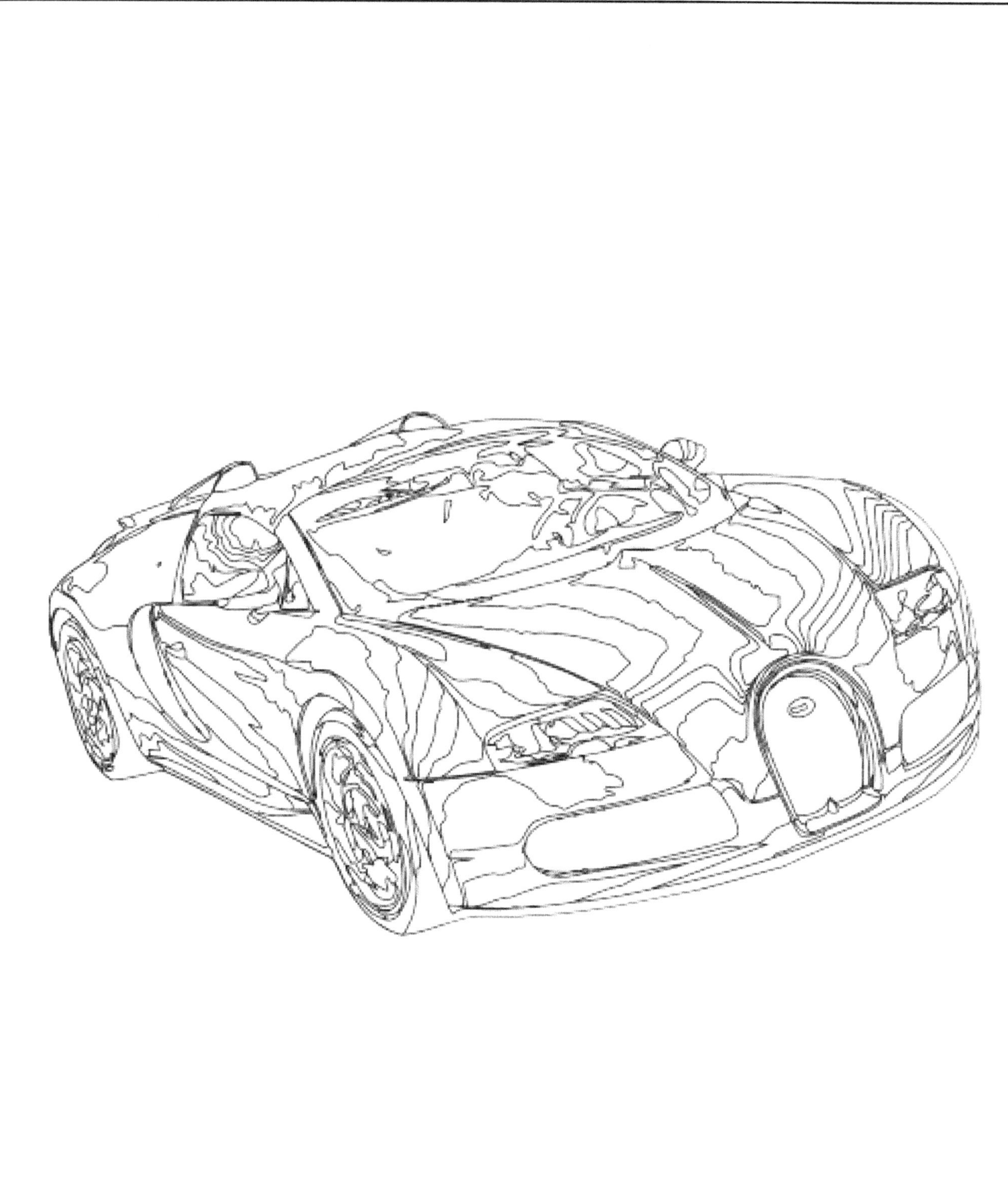

DESSIN